# EDICT DV ROY,

Portant Creation de Lettres de Maiſtriſes de tous Arts & Meſtiers en toutes les Villes & lieux de ce Royaume, où il y a Maiſtriſes Iurez , A cauſe du Tiltre de Royne de la Grande Bretagne.

*Verifié à Rouen en la Cour de Parlement le 30. iour de May mil ſix cens trente-vn.*

**M·DC·XXXIII·**

OVYS PAR LA
grace de Dieu, Roy
de France, & de Na-
uarre. A tous presens
& à venir, salut. Com-
me pour conseruer &
entretenir les bonnes & loüiables cou-
stumes de tout temps vsitées en cestuy
nostre Royaume, sur l'occasion des
Tiltres de Roys ou Roynes des Enfans de France, & à l'imitation des
Roys nos predecesseurs; tesmoigner à
vn chacun l'aise & contentement qui
nous demeure de celuy de Royne de
la Grande Bretagne acquis à nostre
tres-chere & tres-amée Sœur Henriette Marie. Et pour d'autant plus le
decorer, & en faueur d'iceluy comme

des nouuelles & ioyeuses entrées quel-
le fera és Villes Iurées de noſtre Royaume, Nous auons aduiſé pour faire
participer nos ſujects de pareille grace & liberalité qui a eſté cy deuant
concedée par nos predeceſſeurs Roys
en pareil cas, De créer deux Maiſtres
Iurez de chacun Meſtier en toutes les
Villes & lieux de ceſtuy noſtredit
Royaume où il y a des Maiſtriſes &
Maiſtres Iurez. P O V R ces cauſes,
& autres à ce nous mouuans, A v o n s
par l'Aduis & prudent conſeil de la
Royne noſtre tres-honorée Dame &
Mere, en faueur dudit tiltre de Royne de la Grand'Bretagne acquis à no-
ſtredite Sœur, De noſtre grace ſpe-
cialle, plaine puiſſance & authorité
Royalle, par ce preſent noſtre Edict
perpetuel & irreuocable, Creé, erigé,
& eſtably, Créons, erigeons & eſta-
bliſſons deux Maiſtriſes de toutes ſor-

tes & qualitez d'Arts & Mestiers en
chacunes des Villes & lieux de nostre
dit Royaume, Pays, terres & seigneu-
ries de nostre obeissance; Pour d'icelles Maistrises estre par nous pourueu
de telles personnes que bon nous
semblera, Lesquels seront tenus de
prendre Lettres de Prouision signées
& expediées de l'vn de nos amez &
feaux Conseillers & Secretaires, &
scellées de nostre scel : & esquelles
Maistrises lesdits pourueuz en vertu
desdites Lettres seront receuz & in-
stallez & mis en possession reelle &
actuelle d'icelles par nos Baillifs, Seneschaux, & autres Iuges ausquels
elles seront addressantes, pour les te-
nir & exercer par lesdits pourueuz
auec tous tels & semblables droicts,
franchises, libertez & priuileges dont
iouyssent les autres antiens Maistres
iurez d'icelles Maistrises, sans qu'ils

foyent tenus faire aucun Chef-d'œuure, efpreuue, experience, examen:
payer banquets, droicts & Confrai-
ries, & de Boettes; n'y eftre contraints
au payement d'aucunes chofes que
les Iurez de chafcun Meftier ont accouftumé de prendre & faire payer à
ceux qui fe veulent faire paffer Maiftres, Dont les auons exceptez, dif-
penfes & referuez : exceptons, dif-
penfons & referuons. Permettant aux
pourueuz defdites Lettres mettre fus
Eftaux, Ouuroirs fur ruë en tel lieu
& en tel endroict que bon leur fem-
blera, garnis d'ouftils & vftencilles,
& autres chofes neceffaires pour l'e-
xercice & vfage defdits Meftiers có-
me les autres Maiftres qui ont efté receuz par Chef-d'œuure. VOVLANS
en outre qu'ils foient appellez en toutes vifitations & affemblées comme lefdits autres Maiftres receuz par

Chef-d'œuure, & iouyffent enfemble
leurs vefues, & enfans de mefmes priuileges, franchifes, libertez dont iouif-
fent& ont accouftumé de iouyr iceux
antiens Maiftres receuz par Chef-
d'œuure, fans en ce leur eftre faict, mis
ou donné, ny à leurs vefues & enfans
apres leurs deceds, aucuns troubles &
empefchemens au contraire, nonob-
ftant les ftatuts & reglemens faicts ou
à faire fur la police defdits Meftiers,
ou autrement, & des deffences de receuoir aucun fans auoir faict Chef-
d'œuure, efpreuue, experience, & eftre
fufifans par l'examen qui en aura efté
fait par lefdits Iurez defdits Meftiers
ou autrement, & que par l'ordonnan-
ce des Eftats d'Orleans, & ceux tenus
en noftre bonne ville de Paris, il foit
fait mention defemblables creations,
& quelques autres ordonnances, re-
ftrinctions, arrefts, deffences, & autres

choſes à ce cótraires: Auſquelles pour les conſiderations que deſſus, & en faueur du tiltre de Royne acquis à noſtre *Sœur Henriette Marie*, NOVS Auons pour ce regard derogé & deſrogeons & aux deſrogatoires des dérogatoires d'icelles : De noſtre plaine puiſſance & authorité royalle ſans y preiudicier en aucune choſe, Nonobſtant auſſi quelconques autres Arreſts, procez, differens, oppoſitions, ou appellations, & ſans preiudice d'icelles, Nous voulons la reception & inſtitution des pourueuz deſdites Maiſtriſes n'eſtre pour ce differée, ſuſpendüe ny retardée. Enioignons à nos Procureurs generaux ou leurs ſubſtituts, requerir & pourſuiure la publication des preſentes, & inſtallation des pourueuz deſdites Maiſtriſes, ſuiuant noſtre intention & volonté, pour obuier à toutes longueurs, dificultez, & empeſ-

empeſchemens qui leur pourroient
eſtre donnez , meſmes de pourſuiure
contre les Iurez qui s'oppoſeront ou
empeſcheront l'xecution de noſtre
preſent Edict, ou s'efforceront à vou-
loir faire faire feſtins, experience, ou
chef-d'œure aux pourueuz deſdites
Lettres , le payement des amandes
qui doiuent encourir, leſquelles nous
entendons eſtre contre leſdits con-
treuenans leuees ſans aucun deport.
Faiſant en outre tres-expreſſes inhi-
bitions & deffences à tous nos Iuges
& officiers & autres; & auſdits maiſtres
Iurez de receuoir ny admettre aucuns Compagnós par Chef-d'œuure,
ou autrement que au prealable leſdi-
tes Lettres de Maiſtriſes n'ayent eſté
remplies, & les pourueuz d'icelles
receuz & mis en poſſeſſion, ſur peine
d'amande. Sɪ Donnons en Mande-
ment à nos amez & feaux Conſeillers

B

les gens tenans nos Cours de Parlement, Baillifs, Seneschaux, Preuosts,
Iuges, Chastellains, Viguiers, Maires,
Escheuins, Consuls esdites Villes, & à
tous nos autres Iusticiers & Officiers
chacun endroit soy , ainsi comme il
appartiendra, tres-expressément en-
joignons, que nostredit present Edict
ils ayent à faire lire, publier & enre-
gistrer és Registres de leurs Cours &
Iurisdictions, entretiennent, gardent
& obseruent, fassent entretenir, gar-
der & obseruer inuiolablement sans
l'enfraindre , & de tout le contenu en
iceluy ils fassent, souffrent & laissent
iouyr ceux qui seront pourueuz desdites Lettres de Maistrises plaine-
ment & paisiblement, sans aucun con-
tredit ou empeschement; côtraignant
à ce faire, souffrir & obeir tous ceux
qu'il appartiendra, & qui pour ce seront à contraindre par toutes voyes

deües & raisonnables , nonobstant oppositions , ou appellations quelconques : C A R tel est nostre plaisir. Et pour ce que de ces presentes on pourra auoir affaire en plusieurs & diuers lieux , nous voulons que aux vidimus d'icelles faict souz scel royal, ou deuëment collationnez par l'vn de nos amez & feaux Conseillers & Secretaires , foy soit adioustée comme au present original : Auquel à fin que ce soit chose ferme & stable à tousiours, nous auons faict mettre & apposer nostre scel, sauf en autre chose nostre droict & l'autruy en toutes. Donné à Paris au mois d'Auril, l'an de grace mil six cens vingt-cinq, & de nostre regne le seiziesme.

Signé, L O V Y S.

*Et sur le reply* , Par le Roy;

P H E L I P P E A V X.

Et scellé en lacqs de soye du grand

Sceau de cire verte.
Et à costé sur ledit reply est escrit:

*Registré és Registres de la Cour, Ouy, & consentant le Procureur general du Roy, pour auoir lieu, & estre executé pour vne Maistrise seulement, Les Chirurgiens, Appotiquaires, Orfeures, Boulangers, Barbiers, & Serruriers exceptez: & aux autres charges & conditions portez par l'Arrest de ce iour. A Rouen en parlement le trentiesme iour de May mil six cens trente vn.* Signé, DE MEDINE.

*Extraict des Registres de la Cour de Parlement.*

VEV par la Cour les Chambres assemblées les Lettres patentes en forme d'Edict données à Paris au mois d'Auril mil six cens vingt-

cinq; Par lefquelles le Roy en faueur
du tiltre de Royne acquis à Madame
Henriette Marie fa fœur Royne de la
Grande Bretagne, A creé, erigé &
eftably Deux Maiftrifes de toutes
fortes d'Arts & Meftiers en chacune
des Villes & lieux de ce Royaume où
il y a Meftiers Iurez, pour iouyr par
iceux qui feront pourueuz defdites
Maiftrifes, & icelles exercer fans faire Chef-d'œuure ny experience, auec
les autres franchifes & priuileges
mentionnez efdites Lettres. Arreft de
ladite Cour du neufiefme Iuillet mil
fix cens vingt-neuf, par lequel elle
auroit ordonné, que le Roy feroit
tres-humblement fupplié la difpen-
fer de proceder à la verification defdites Lettres. Autres Lettres de Iuf-
fion fur ledit refus, données au Camp
de S. Iean de Morienne le vingtiefme
Iuillet mil fix cens trente. Conclu-

fions du Procureur general du Roy,
Tout confideré : LADITE Cour,
Les Chambres affemblèes, A Ordonné & ordonne , que lefdites Lettres
patentes en forme d'Edict feront re-
giftrées és Regiftres d'icelles pour
auoir lieu, & eftre executées pour vne
Maiftrife feulement és villes & lieux
où il y a Meftiers Iurez , & non ail-
leurs ; En ce non compris les Maiftrifes de Chirurgien, Apotiquaire, Or-
feure, Boulenger, Boucher, & Serru-
rier, lefquels en feront exceptez. Et
les poururuz feront tenus faire Chef-
d'œuure & experience en la forme
accouftumée: & fans que la reception
de ceux qui fe voudront faire receuoir par Chef-d'œuure en puiffent
eftre empefchez ny retardez. Faict à
Rouen en ladite Cour de Parlement
les Chambres affemblées le trentief-

me iour de May mil six cens trente-
vn.

Signé, DESCHAMPS.

*Collationné aux originaux par moy Conseiller Secretaire du Roy, & de ses Finances.*